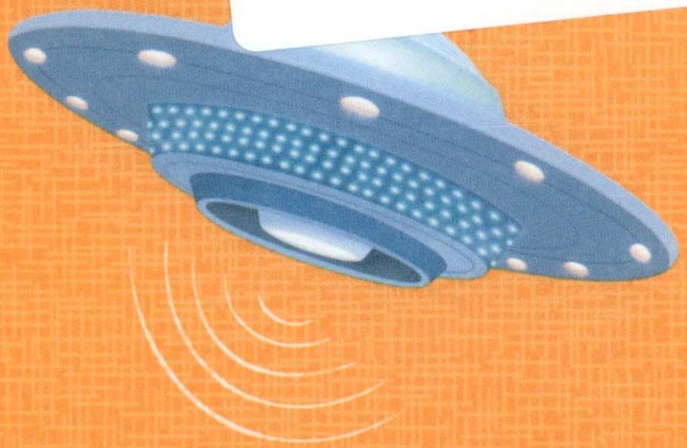

# LES EXTRATERRESTRES EXISTENT-ILS ?

*UNE PREMIÈRE DÉCOUVERTE DE* **L'ASTROBIOLOGIE**

*Textes : Olivia Watson*
*Illustrations : Denis Alonso*

Les mots compliqués à comprendre sont en **gras**.

Découvre ce qu'ils signifient dans le glossaire à la fin du livre.

## QU'EST-CE QUE L'ASTROBIOLOGIE ?

L'astrobiologie est l'étude de la vie dans l'Univers. Les scientifiques étudient les conditions nécessaires à la vie et la possibilité qu'elle existe dans l'Espace.

Les scientifiques qui recherchent la vie dans l'Espace sont des **ASTROBIOLOGISTES.**

Notre Univers est composé de milliards d'étoiles et de planètes. La nuit, quand nous observons le ciel, nous n'en voyons qu'un tout petit nombre. Les scientifiques ont donc commencé à se demander s'il existait des planètes comme la Terre abritant des êtres vivants…

Pendant longtemps, des scientifiques appelés « astronomes » ont étudié le ciel nocturne à l'œil nu. Sans outils spéciaux, ils ne voyaient pas grand-chose. Mais il y a 400 ans, les **télescopes** ont été inventés.

Un Italien du nom de Galilée a fabriqué un télescope très spécial. Il l'a utilisé pour observer les étoiles et les planètes avec une précision inégalée et a fait des **découvertes inouïes !**

Les scientifiques ont aujourd'hui mis au point des équipements encore plus performants, comme des vaisseaux spatiaux et des robots pouvant explorer d'autres planètes. Les astrobiologistes ont une mission importante : ils mènent les recherches de vie extraterrestre ! Leurs robots explorent Mars, une autre planète de notre **système solaire**.

Les robots de la **NASA** n’ont pas encore découvert d’êtres vivants, mais ils ont fait des découvertes étonnantes. La planète Mars, sèche et poussiéreuse, a peut-être autrefois été parcourue de rivières ! Des **rovers** ont même découvert que Mars aurait pu, il y a longtemps, réunir les conditions propices à la vie **microscopique**.

Pour survivre sur Terre, les êtres vivants ont besoin d'eau, d'énergie, de **nutriments** et d'une **atmosphère** stable contenant de l'**oxygène** pour respirer. Les astrobiologistes pensent donc qu'il est possible que la vie extraterrestre ait également besoin d'un ou plusieurs de ces éléments.

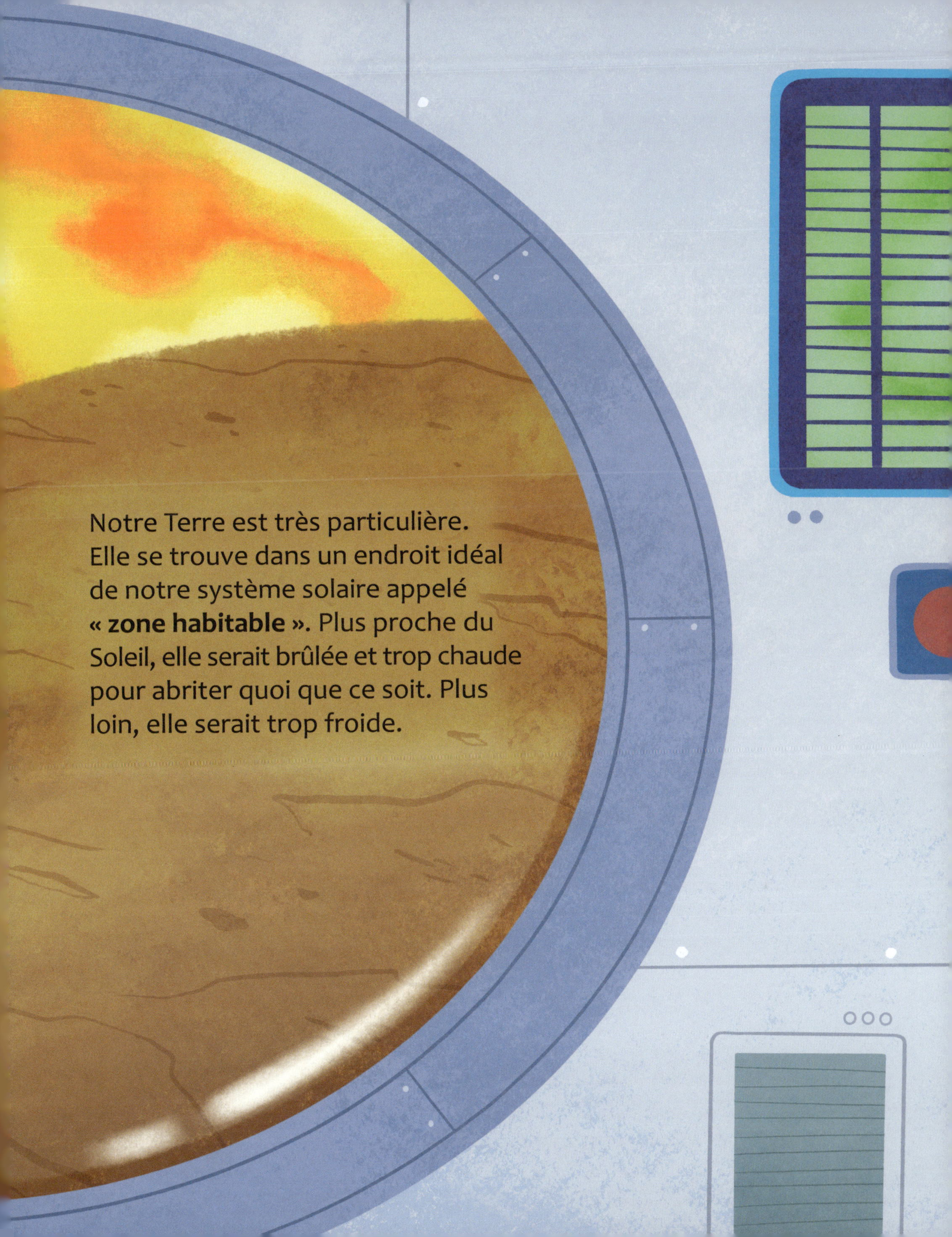

Notre Terre est très particulière. Elle se trouve dans un endroit idéal de notre système solaire appelé **« zone habitable »**. Plus proche du Soleil, elle serait brûlée et trop chaude pour abriter quoi que ce soit. Plus loin, elle serait trop froide.

La recherche de planètes qui ressemblent à la Terre est en cours ! Mais comment savoir si des planètes lointaines abritent de la vie ? La plupart sont trop éloignées pour être visitées par des rovers, c'est pourquoi les astrobiologistes utilisent des télescopes ultra-puissants.

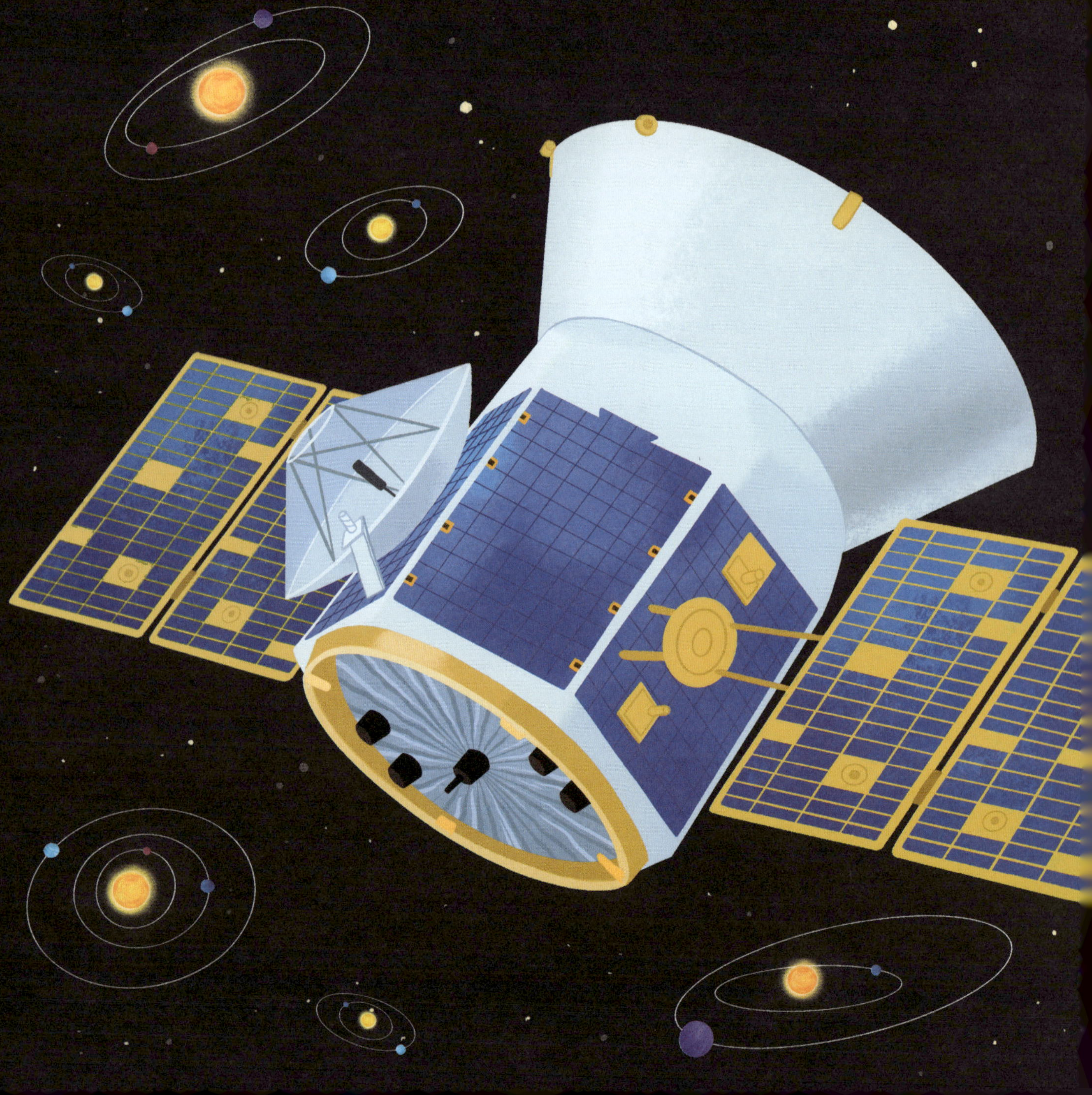

Ils découvrent chaque jour de nouvelles planètes

**dans les profondeurs de l’Espace !**

Les astrobiologistes ont découvert plus de 5 000 planètes en dehors de notre système solaire ! Ce sont des « **exoplanètes** ». Bien que certaines se situent dans une zone habitable, cela ne signifie pas pour autant qu'elles soient faites pour accueillir la vie…

WASP-12b

55 Cancri e

KOI-55 b

Kepler-7b

GJ 15 A b

HD 189733 b

TOI-3757 b

Proxima Centauri b

TrES-2 b

GJ 504b

AU Microscopii b

Sur Terre, de nombreux animaux se sont **adaptés** à des conditions extrêmes dans lesquelles les humains ne pourraient pas survivre. Les extraterrestres pourraient peut-être avoir fait de même. Pourraient-ils avoir…

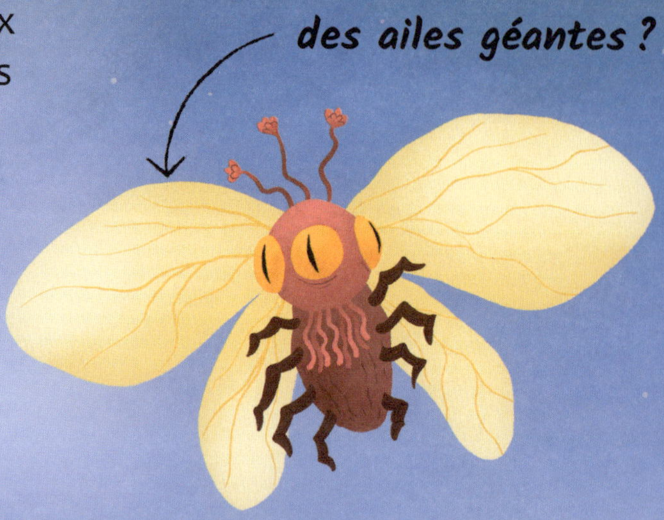

Si les extraterrestres pouvaient s’adapter aussi intelligemment, nous devrions envisager toutes sortes de planètes !

Les **sondes spatiales** ont découvert que les satellites pourraient aussi abriter de la vie ! Encelade, une des lunes de Saturne, possède un océan souterrain ! Des jets d'eau glacée en jaillissent à la surface. L'eau est riche en **minéraux** dont on sait qu'ils contribuent à la propagation de la vie sur Terre.

En plus de chercher des signes de vie visibles, les astrobiologistes écoutent les indices perceptibles grâce à des **radiotélescopes géants.**

L'homme a envoyé des messages où la vie pourrait exister. Si des **formes de vie intelligentes** existent, elles pourraient nous répondre et nous pourrions les entendre à l'aide de ces télescopes.

Depuis des années, des gens signalent des observations d’**ovnis**. Certains disent avoir vu des vaisseaux spatiaux extraterrestres, d’autres des phénomènes inexplicables, comme des formes étranges dans leurs champs ! Ils croient vraiment que des extraterrestres ont visité la Terre ! Mais les scientifiques n’ont encore trouvé aucune preuve.

La taille incroyable de l'Espace rend la recherche de vie extraterrestre très difficile. Les astrobiologistes n'y ont pas encore trouvé de vie. Mais ils inventent sans cesse de meilleurs télescopes et apprennent de nouvelles choses. La recherche de la vie dans l'Espace ne fait donc que commencer !

# *Équipements* INCROYABLES

**Les astrobiologistes travaillent avec des scientifiques talentueux pour inventer des machines qui les aident à rechercher la vie dans l'Espace. Voici quelques-uns de leurs outils les plus incroyables !**

## TÉLESCOPE *James Webb*

Il est si puissant qu'il peut remonter le temps jusqu'à 13,5 milliards d'années, à la formation des premières étoiles et galaxies ! Il permet aussi d'étudier de quoi sont faites les exoplanètes.

## *Télescope* TESS

TESS est une machine à trouver des exoplanètes ! Il a cartographié la quasi-totalité du ciel et découvert des centaines d'exoplanètes, ainsi que des **astéroïdes**, des étoiles et des galaxies.

## *Sondes* VOYAGER

Ces machines ont volé plus loin que tout ce qui les a précédées. Elles ont visité les planètes les plus éloignées de notre système solaire et sont même entrées dans l'**Espace interstellaire** !

## ATTERRISSEURS *et* ROVERS

Beaucoup de ces robots sont actuellement sur Mars ! Les scientifiques les pilotent depuis la Terre pour observer et tester des objets sur Mars.

## *Télescope spatial* KEPLER

Ce télescope a observé plus de 150 000 étoiles en continu ! Il a découvert quelque 2 600 exoplanètes avant d'être mis hors service.

# Infos ÉTONNANTES

**Il y a tant à découvrir dans le monde de l'astrobiologie ! Connais-tu les réponses à certaines des plus grandes questions sur l'Espace ?**

## QUAND LES HUMAINS ONT-ILS FAIT LEUR PREMIER VOYAGE DANS L'ESPACE ?

Dans les années 1960 ! Le seul endroit où l'homme a marché (hormis la Terre) est la Lune, mais les scientifiques travaillent désormais à envoyer des humains sur Mars !

## UN ASTROBIOLOGISTE EST-IL UN ASTRONOME ?

Pas tout à fait ! Les astronomes étudient tout ce qui existe dans l'Univers et les astrobiologistes se concentrent sur l'existence de la vie au-delà de la Terre.

## QUELLE TAILLE FAIT L'UNIVERS ?

Personne ne le sait avec certitude ; nous ne pouvons pas tout voir ! Les scientifiques peuvent mesurer l'« **univers observable** », mais l'Univers entier est probablement bien plus vaste.

## QUAND FURENT DÉCOUVERTES LES PREMIÈRES EXOPLANÈTES ?

Dans les années 1990 ! Depuis, les scientifiques en ont découvert plus de 5 000 ! Mais il pourrait en exister bien d'autres…

## D'OÙ LES PLANÈTES TIRENT-ELLES LEUR NOM ?

Les planètes de notre système solaire furent nommées d'après des dieux romains. Aujourd'hui, les exoplanètes portent des noms comme GJ 504b, indiquant où et comment elles ont été découvertes.

# GLOSSAIRE

**Adapter (s')** – développer des caractéristiques ou des compétences particulières pour survivre dans son environnement.

**Astéroïde** – petit rocher spatial en orbite autour du Soleil.

**Atmosphère** – gaz qui entourent une planète.

**Espace interstellaire** – zone située au-delà des limites de notre système solaire.

**Exoplanète** – planète située hors de notre système solaire.

**Forme de vie intelligente** – être vivant capable de penser, d'apprendre et de comprendre.

**Microscopique** – objet si petit qu'il ne peut être observé qu'au microscope.

**Minéraux** – substances naturellement présentes dans les roches, le sable et le sol.

**NASA** (National Aeronautics and Space Administration) – agence américaine spécialisée dans l'exploration spatiale.

**Nutriments** – substances ou ingrédients dont les plantes et les animaux ont besoin pour vivre et se développer.

**Oxygène** – gaz invisible présent dans l'air, produit par les plantes et nécessaire à la respiration des humains et des animaux.

**Rover** – robot piloté à distance et conçu pour explorer les planètes.

**Sonde spatiale** – engin sans pilote effectuant des recherches dans l'Espace.

**Système solaire** – une étoile et tout ce qui gravite autour.

**Univers observable** – parties de l'univers que les humains peuvent voir.

**Zone habitable** – distance entre une planète et son étoile permettant la présence d'eau liquide.

**Télescope** – instrument qui agrandit les objets lointains.

**Ovni** – objet volant non identifié.

# LES RÉPONSES *à mes grandes questions*

**Une collection de livres pour éveiller la curiosité des enfants et explorer le monde fascinant de la science.**

La science est importante ! Elle sauve des vies, nous connecte à la nature et nous aide à bâtir un avenir meilleur.

Chaque livre de la collection « Les réponses à mes grandes questions » explore un domaine de la science et rend accessibles ses grandes découvertes... pour éveiller la curiosité de la prochaine génération de scientifiques !

# DÉCOUVRE AUSSI...

72, rue Marguerite de Rochechouart – 75009 Paris



Première publication au Royaume-Uni en 2024 par Beetle Books, une marque de Hungry Tomato Ltd, F15, Old Bakery Studios, Blewetts Wharf, Malpas Road, Truro, Cornwall, TR1 1QH, Royaume-Uni

Titre original : *Is There Alien Life in Outer Space?*

Adaptation : InTexte, Toulouse

ISBN : 978-2-38322-485-3
Dépôt légal : 1er semestre 2026
Imprimé en Chine

Les informations contenues dans cet ouvrage sont à jour au moment de sa rédaction.

FSC www.fsc.org MIXTE Papier | Pour une gestion forestière responsable FSC® C158492



*Conforme à la Loi n° 49-956 du 16 juillet 1949 sur les publications destinées à la jeunesse, modifiée par la Loi n° 2011-525 du 17 mai 2011.*

Crédits photographiques
(h = haut, b = bas, c = centre, g = gauche, d = droite)
Image reproduite avec l'aimable autorisation de la NASA, domaine public : 33 (bg). Shutterstock : Antares_StarExplorer 35 (hg) ; Dima Zel 32 (cg) ; EWY Media 35 (bg) ; Frame Stock Footage 34 (bg) ; Nazarii_Neshcherenskyi 35 (cd) ; Vadim Sadovski 34 (cd) ; Wow Galaxy 33 (hg).